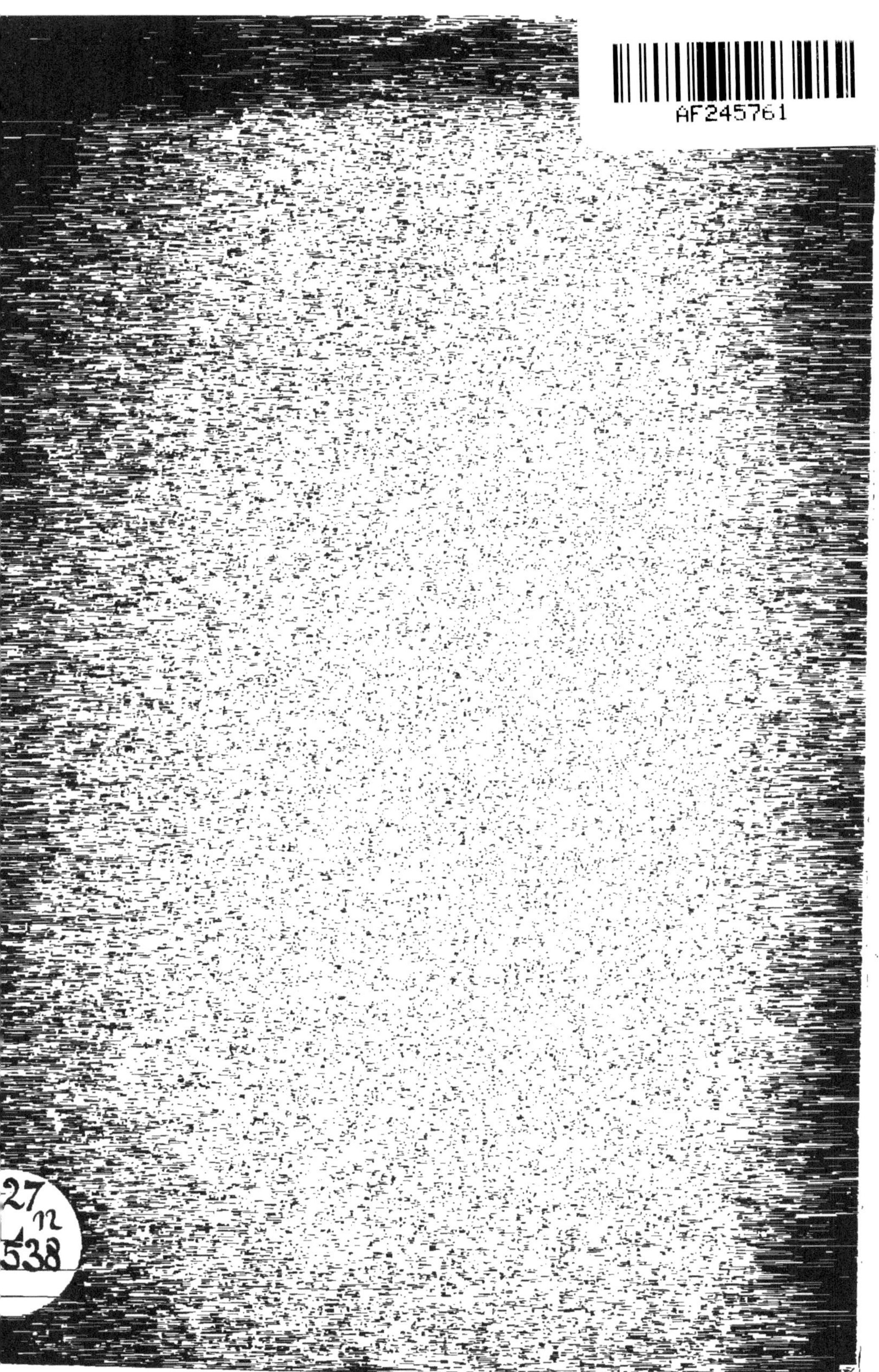

NOTICE

SUR LES

TRAVAUX SCIENTIFIQUES

DE

S. A. LE PRINCE CHARLES-LUCIEN BONAPARTE

Par M. ÉLIE DE BEAUMONT,

Sénateur, secrétaire perpétuel de l'Académie des sciences de Paris.

RÉFLEXIONS SUR CE TRAVAIL

SOUMISES

A SON EXC. M. DROUYN DE LHUYS,

Ministre des affaires étrangères,
Membre de l'Institut,
Président de la Société impériale d'acclimatation,

PAR

M. RICHARD (DU CANTAL).

« Libre comme l'air qui la féconde, pure comme
le soleil qui l'éclaire, stable comme la terre qui lui
sert de base, l'agriculture assainit le cœur, fortifie
le caractère, et élève l'âme vers le Créateur par le
spectacle des merveilles de la création. »

(DROUYN DE LHUYS, *Rapport sur le projet d'élever
une statue à Daubenton.*)

PARIS

IMPRIMERIE DE E. MARTINET

RUE MIGNON, 2.

1866

NOTICE

SUR LES TRAVAUX SCIENTIFIQUES

DE

S. A. LE PRINCE CHARLES-LUCIEN BONAPARTE

Par M. ÉLIE DE BEAUMONT,

Sénateur, secrétaire perpétuel de l'Académie des sciences de Paris.

RÉFLEXIONS SUR CE TRAVAIL

SOUMISES

à Son Exc. M. DROUYN DE LHUYS,

Ministre des affaires étrangères,
Membre de l'Institut,
Président de la Société impériale d'acclimatation.

Par M. RICHARD (du Cantal).

Monsieur le Président,

Notre éminent confrère M. Élie de Beaumont, sénateur, secrétaire perpétuel de l'Académie des sciences de Paris, professeur au Collége de France, etc., a fait une savante Notice sur les ouvrages de zoologie du prince Charles-Lucien Bonaparte. Ces ouvrages se rattachent aux travaux de notre Société, dont le prince fut un des membres fondateurs les plus illustres et les plus dévoués. Permettez-moi de vous soumettre quelques réflexions à ce sujet, dans l'intérêt de la science pratique, que vous cherchez à vulgariser et à faire appliquer pour le bien public.

Par sa haute intelligence, par son savoir aussi varié qu'étendu, par sa grande aptitude au travail, et avec le nom qu'il a si dignement porté, le prince Charles Bonaparte, fils de Lucien, frère de Napoléon Ier, et gendre de Joseph, roi

1

d'Espagne (1), aurait pu jouer un rôle politique important sous le règne de Napoléon III; mais profond et sagace observateur de la nature, toujours dominé par l'amour des sciences qui s'en occupent,.parce qu'il connaissait les heureux résultats que leur application doit avoir pour le bonheur des hommes, il ne voulut jamais cesser de se livrer à leur étude, qui pouvait d'ailleurs alléger les amertumes de la proscription si durement imposée à toute sa famille en 1815, à la suite des désastres de sa patrie.

Le prince s'occupa d'abord de botanique; mais la science du règne animal, moins bien étudiée au point de vue pratique, et surtout dans ses applications à l'exploitation du sol, lui paraissant offrir un champ plus vaste, un but plus utile à l'ordre d'idées qu'il voulait poursuivre, il lui consacra tout le temps dont il put disposer durant sa vie. Il trouvait que l'empire de l'homme sur la création n'est pas suffisamment étendu, et il désirait en reculer les limites, en contribuant à dévoiler les éternelles vérités proclamées par la puissance divine qui gouverne l'univers. Comme Lacépède, le prince était convaincu que *la science de la nature doit changer la face du globe*. Tous les grands naturalistes ont partagé cette opinion, et il voulait prouver qu'elle était fondée. Tel fut son but qu'il poursuivit toujours avec ardeur (2).

Dès l'âge de dix-neuf ans, le prince Charles Bonaparte étudia la zoologie de l'Amérique du Nord, où il se rendit après

(1) Fils de Lucien, membre de l'Académie française, et d'Alexandrine de Beschamps, auteur du poëme en dix chants de *Bathilde*, et femme aussi remarquable par son esprit que par sa rare beauté, le prince Charles-Lucien Bonaparte, né à Paris le 24 mai 1803, avait épousé, le 29 juin 1822, à Bruxelles, la princesse Zénaïde-Charlotte-Julie Bonaparte, fille du roi d'Espagne, et il partit la même année pour les Etats-Unis.

(2) Buffon, qui, dans ses brillants écrits, a si bien fait comprendre l'influence que l'homme peut et doit exercer sur la nature, a dit : « Dieu a fait l'homme » spectateur de l'univers et témoin de ses merveilles. La nature est le trône » extérieur de la magnificence divine. L'homme qui la contemple, qui » l'étudie, s'élève par degrés au trône extérieur de la Toute-Puissance. Fait » pour adorer le Créateur, il commande à toutes les créatures : vassal du » ciel, roi de la terre, il l'anoblit, la peuple et l'enrichit ; il établit entre les

son mariage, avec la digne et vertueuse compagne de sa vie. Les recherches qu'il fit dans ce pays, en 1822, furent telles, que les travaux qu'il publia alors pour les faire connaître, sont considérés encore aujourd'hui, par les naturalistes les plus éminents de notre époque, *comme ayant donné, dans cette partie du monde, une impulsion rigoureusement scientifique aux études zoologiques.* Telles sont les expressions de M. Élie de Beaumont.

Rentré en Europe en 1828, le prince étudia la zoologie de l'ancien monde, comme il avait approfondi celle de l'Amérique septentrionale, et il conçut l'idée de faire le grand ouvrage qu'il a publié sur le règne animal de l'Italie, sa patrie adoptive, puisque la France, sa patrie originaire, qu'il aimait tant, lui était interdite. Presque tous les souverains, les savants les plus célèbres des deux hémisphères, et les établissements scientifiques, souscrivirent à cette œuvre importante qui parut par livraisons, de 1832 à 1841, « et » rendit son auteur », dit M. Elie de Beaumont, « aussi » célèbre parmi les nations latines, qu'il l'était déjà devenu » en Amérique et en Angleterre ; et avant que la publication » en fût terminée, le prince Charles Bonaparte était déjà » inscrit parmi les membres des principales sociétés savantes » des deux hémisphères (1). ».

En 1839, Agassiz, un des naturalistes les plus célèbres

» êtres vivants l'ordre, la subordination, l'harmonie ; il embellit la nature
» même, il la cultive, l'étend et il la polit ; il en élague le chardon et la ronce,
» et il multiplie le raisin et la rose. UNE NATURE NOUVELLE VA SORTIR DE
» SES MAINS. »

Ce qu'a dit Buffon est incontestable ; mais, pour qu'une nature nouvelle sorte des mains de l'homme, il faut qu'elle soit étudiée par lui de manière qu'il puisse la mieux connaître, pour la transformer et exploiter les richesses immenses qu'elle tient toujours à notre disposition. S'il les ignore, comment pourra-t-il les utiliser ?

(1) Dans une notice publiée à Amsterdam sur les ouvrages du prince, on lit le passage suivant : « Le prince Charles Bonaparte est du petit nombre de » ceux qui ont étudié dans leur ensemble, et avec succès, toutes les classes » des animaux vertébrés.

» Il est un de ces hommes exceptionnels qui, à une heureuse organisation,

de notre époque, si connu surtout en Amérique, se présenta à l'Académie des sciences de Paris, pour en être membre correspondant étranger dans la section de zoologie. Le prince Charles Bonaparte fut son concurrent, et Agassiz ne l'emporta sur lui que d'une seule voix. Quelques années plus tard, le prince fut élu correspondant de l'Institut de France, par trente suffrages contre vingt, donnés au savant professeur Müller (de Berlin). Voici le jugement porté par M. Élie de Beaumont à cette occasion : « Être placé », dit-il, « dans » l'étude du règne animal, au rang des Agassiz et des Müller, » c'est être au premier rang parmi ses contemporains. Ce » jugement de l'Académie des sciences de Paris a été aussi » celui des sociétés savantes du monde entier, qui, presque » toutes, se sont empressées d'inscrire le prince Charles » Bonaparte au nombre de leurs membres, et ont saisi toutes » les occasions de témoigner leur vif intérêt pour ses tra- » vaux, et de le seconder de leur mieux dans la poursuite et » dans la publication de ses intéressantes recherches (1). »

» à des études profondes, joignent une persévérance et une énergie sans » bornes.

» Il a dévoué une partie de sa vie à la science, et il a fait des avantages de » sa position sociale autant de moyens pour la servir. *Son nom est de ceux* » *qui devront être honorés dans tous les temps, partout où les sciences* » *naturelles sont cultivées….. »*

(1) Le prince Charles-Lucien Bonaparte était correspondant de l'Institut de France (Académie des sciences), membre de l'Académie des sciences et des arts de Viterbe, de l'Académie des sciences nationales de Philadelphie, de la Société philosophique américaine de la même ville, de la Société d'histoire naturelle de Paris, de l'Académie des sciences et littérature de Baltimore, de la Société d'histoire naturelle de Francfort-sur-le-Mein, de l'Académie des Lynx de Rome, de la Société linnéenne de Londres, de l'Académie royale et impériale d'économie rurale et de géographie de Florence, de la Société royale d'horticulture des Pays-Bas, de la Société zoologique de Londres, de l'Académie des arts et sciences américaine, de l'Académie des sciences de Bologne, de la Société d'histoire naturelle de Halle, du Lycée naval des États-Unis de New-York, de l'Académie des sciences naturelles de Catane, de l'Académie des sciences, des lettres et des arts de Livourne, de l'Académie des beaux-arts de Pérouse, de la Société d'ornithologie de Londres, de la Société royale des sciences d'Upsal, de la Société académique des sciences, arts et belles-lettres de Falaise, de la

Je ne vous parlerai pas ici, monsieur le Président, des nombreuses communications faites par le prince Charles Bonaparte à l'Académie des sciences de Paris, dont il suivait les séances

Société générale des naufrages dans l'intérêt de toutes les nations siégeant à Paris, de la Société des sciences médicales et naturelles de Bruxelles, de l'Académie royale de Turin, de l'Académie Tiberina, de la Société des curieux de la nature de Moldavie, de la Société royale et impériale des sciences, des lettres et des arts d'Arezzo, de la Société de physique et d'histoire naturelle de Genève, de la Société de médecine et de physique de Florence, de la Société de musique de Sainte-Cécile à Rome, de l'Académie des sciences, des lettres et des arts du Saint-Sépulcre, de la Société des sciences de Sienne, de la Société d'économie rurale de Pérouse, de la Société d'histoire naturelle de Boston, de la Société linnéenne de Normandie de Caen, de l'Institut des provinces de France, de l'Académie des sciences naturelles et des arts de Barcelone, de la Société de médecine et d'encouragement de Malte, de l'Académie des sciences et belles-lettres de Bruxelles, de l'Académie impériale des sciences de Saint-Pétersbourg, de l'Académie d'Udine, de l'Académie des sciences de Berlin, de l'Académie de Bibbiena, de l'Académie de Modigliana, de la Société des naturalistes de Moscou ; membre honoraire du conseil de la Société d'acclimatation de Berlin, des sciences naturelles de Californie, de San-Francisco, de la Société des Indes Néerlandaises de Batavia, de la Société d'histoire naturelle de Dresde, de l'Académie royale de Luc ; membre de la Société d'histoire naturelle de Copenhague, membre de la Société impériale zoologique d'acclimatation de Paris, de l'Académie des sciences et beaux-arts de Monteleone, de la Société du muséum d'histoire naturelle de Strasbourg, de la Société des lettres, beaux-arts et sciences de Montevarchi, de la Société entomologique de Londres, de l'Académie des sciences naturelles de Madrid, du cabinet d'histoire naturelle de Syracuse, de l'Institut des sciences et arts de Milan, de la Société d'économie rurale de Cagliari, de l'Athénée de Venise, de la Société royale des naturalistes hongrois à Pesth, de l'Académie de Tropea, de l'Académie des sciences, arts et lettres de Padoue, de la Société des antiquaires d'Amérique, de l'Académie des aspirants naturalistes de Naples, de l'Académie de Pontavianae de Naples, de l'Institut, sciences et arts de Venise, de l'Académie des sciences de Naples, de l'Académie physico médico-statistique de Milan, de l'Académie scientifique et littéraire de Petigliana, de la Société ethnologique de Paris, de la Société britannique pour l'avancement des sciences à Londres, de la Société d'histoire naturelle de Munich, de la Société zoologique d'Amsterdam, de la Société de géographie de Paris, de l'Académie de San-Miniato, de l'Académie des curieux de la nature de Wratislavia, de l'Académie des sciences de Stockholm, de la Société ornithologique allemande de Leipzig, de la Société hollandaise de Harlem.

avec assiduité depuis sa rentrée en France, ni de ses travaux soumis aux congrès scientifiques de l'Europe où il se rendait, ni de tous ceux qu'il a publiés, et dont M. Élie de Beaumont a dressé la liste; ils sont au nombre de quatre-vingt-sept. Plusieurs de ces ouvrages ont eu diverses éditions en différentes langues, et leur auteur avait passé trente-cinq ans de sa vie à les produire. Les peines de l'exil qu'il subit dès son enfance, les révolutions, les secousses politiques et leurs conséquences qui ne l'ont point épargné, ni les cruelles souffrances de la maladie qui causa sa mort regrettable, souffrances qu'il supporta avec tout le calme de l'homme de bien, n'ont pas plus altéré sa sérénité que son amour pour la science et le bien public. Peu de temps avant son dernier soupir, j'ai vu moi-même un de ses domestiques tenir ouverts devant lui, par son ordre, des livres de zoologie : il voulait les lire et les méditer jusqu'à son dernier souffle de vie. Extrême preuve de sa résignation et de son dévouement à l'histoire naturelle, à cette science du bien qu'il avait toujours cultivée avec tant de succès dans les diverses parties de l'ancien et du nouveau continent, qu'il avait parcourues pour les explorer, étudier leurs richesses zoologiques et en faire connaître l'importance.

Les naturalistes des deux mondes lui envoyaient leurs ouvrages, et il leur offrait ceux qu'il publiait. De cet échange de travaux et de communications il était résulté des relations suivies, et une correspondance qui le tenait au courant des progrès de la science, partout où elle a des adeptes. Les Temminck, les Schlegel, les Naumann, les Reichenbach, les Gould, les G. Gray, considéraient le prince Charles Bonaparte comme leur maître, et M. le secrétaire perpétuel de l'Académie des sciences de Paris, qui est juge compétent s'il en fut, n'hésite pas à dire dans sa notice que *le prince Charles Bonaparte a été incontestablement un des naturalistes les plus heureusement doués, les plus ingénieux et les plus laborieux que la France ait vus naître* (1).

<hr>

(1) Le prince Charles Bonaparte n'avait pas oublié, et il l'a prouvé, l'opinion de son oncle Napoléon 1er, membre de l'Institut, qui avait une si grande

La science de la nature est, de toutes les connaissances humaines, la plus vaste, parce qu'elle embrasse l'univers ; elle est encore la plus variée et la plus intéressante, parce qu'elle nous fait connaître, dans leur ensemble comme dans leurs détails, les œuvres de Dieu, dont le nombre est infini, et les inépuisables richesses qu'elles offrent au bien-être humain. Son étude devrait toujours être un élément indispensable de l'instruction publique chez tous les peuples civilisés. Il n'en est pas, en effet, qui puisse mieux faire comprendre aux populations, l'immensité de la puissance divine, sa bonté, sa prévoyance et ses libéralités pour toutes les créatures. Malheureusement, son enseignement n'est pas assez répandu ; nos populations rurales surtout, qui passent

confiance dans les sciences dont il favorisa les développements sous tout rapport. Il savait, par expérience, quelle influence leur intervention pouvait exercer sur les destinées de la France, et l'on se souvient que quand il partit, le 19 mai 1798, général en chef de l'armée d'expédition d'Égypte, il amena avec lui les savants les plus illustres de cette époque mémorable. Ces savants formèrent le célèbre Institut d'Égypte, qui a légué à la postérité de si importants travaux. L'année précédente, lorsque, vainqueur en Italie, il envoya, par le savant Monge et le général Berthier, le traité de Campo-Formio au Directoire, il lui disait : « Les sciences qui nous ont révélé tant » de secrets, qui ont détruit tant de préjugés, sont appelées à nous rendre » plus de services encore. De nouvelles vérités, de nouvelles découvertes » nous révéleront des secrets plus essentiels encore au bonheur des hommes ; » mais il faut que nous aimions les savants, et que nous protégions les » sciences..... »

Le général Napoléon Bonaparte ne se trompait pas quand il s'exprimait ainsi. Que de secrets les sciences n'ont-elles pas révélés au monde depuis 1797 ! que de préjugés n'ont-elles pas détruits ! Quels services n'ont-elles pas rendus à la France depuis la fin du dernier siècle ! Que ne devons-nous pas attendre encore de leur concours dans l'avenir, pour résoudre toutes les questions qui devront être traitées dans toutes les conditions de la vie humaine : les sciences n'ont-elles pas toujours été le plus puissant levier de la force des nations et la source la plus féconde comme la plus pure de leurs richesses.

Le prince Charles Bonaparte était convaincu de cette vérité d'une manière absolue. Il fit tout ce qu'il put pour éclairer son pays et imiter son père Lucien, cet homme illustre qui, comme son frère Napoléon 1er, était membre de l'Institut, et qui, orateur, poëte et littérateur, fut une des lumières les plus intègres, les plus fermes et les plus honorées de son époque.

leur vie en présence de la création, ne se doutent généralement pas de la plus simple de ses merveilles. Rendons cependant justice au gouvernement actuel. Il a créé de nouvelles facultés des sciences, et M. Duruy, ministre de l'instruction publique, qui veut *former des hommes au lieu de simples bacheliers*, suivant ses propres expressions, poursuit avec un dévouement dont le pays doit lui être reconnaissant, l'idée d'organiser l'enseignement général professionnel (1). L'application de cette idée, digne de notre époque, contribuera à vulgariser des notions d'histoire naturelle si utiles dans nos campagnes. Mais, jusqu'à nos jours, l'enseignement des sciences naturelles qui a eu lieu dans quelques villes, et qui a été confié à des professeurs éminents, a été insuffisant. Nos nombreuses populations agricoles n'ont pas pu profiter des lumières qu'il a répandues dans les cités qui en ont été pourvues.

Les travaux de tous les naturalistes ont démontré de tout temps la nécessité d'enseigner la science de la nature. Ceux d'Hippocrate, d'Aristote et de son disciple Théophraste, de Pline, dans les temps anciens; les ouvrages de Belon, de Buffon, de Daubenton, de Linné, de Pallas, de Cuvier, de Charles Bonaparte, d'Étienne et d'Isidore Geoffroy Saint-Hilaire, de de Blainville, dans les temps modernes, et de tous les naturalistes contemporains, nous ont prouvé, comme ceux de leurs devanciers, de quelle importance est l'étude de l'histoire naturelle pour le bonheur commun des hommes. Et cependant, combien sommes-nous encore éloignés de l'accomplissement des vœux des philanthropes célèbres qui ont désiré faire vulgariser cette étude. Buffon, qui étonna le monde par son génie, disait, il y a un siècle : « L'homme » ne sait pas assez ce que la nature peut, et ce qu'il peut

---

(1) Si la loi du 21 juin 1865, sur l'enseignement secondaire spécial, est exécutée comme l'indique S. Exc. M. le Ministre de l'instruction publique dans le remarquable programme qu'il a publié en mai 1866, une ère nouvelle sera ouverte pour toutes les professions industrielles en France, et notamment pour la profession de l'agriculture, qui a si grand besoin d'être éclairée sur l'art de bien exploiter le sol.

» sur elle (1) ». Et cent ans plus tard, le prince Charles Bonaparte formulait une pensée du même ordre, en se plaignant
de voir « l'homme civilisé, si disposé à satisfaire les nouveaux
» besoins qu'il se crée, limiter l'emploi de sa force domina-
» trice à la domestication des espèces qu'il possède (2)... »

(1) Que ne pourrait pas la nature pour nous, en effet, si nous savions bien
étudier ses ingénieux et puissants moyens d'action. Que de profonds et utiles
enseignements ne trouverions-nous pas dans la scrupuleuse observation de
sa marche régulière, pour la mieux diriger à notre profit dans une infinité
de cas. N'en avons-nous pas tous les jours les preuves sous les yeux ?
Voyez l'usage que nous faisons de l'élément de la foudre, depuis la découverte de l'immortel physicien de Philadelphie. La science nous a non-seulement fait connaître cet élément, mais elle l'a mis à notre disposition pour
nous servir de courrier aussi rapide que la foudre elle-même, et à des
distances infinies au delà des mers. Quels services l'électricité ne rend-elle
pas encore dans les arts et manufactures, dont la physique et la chimie ont
tant contribué à activer les progrès ! La médecine ne l'emploie-t-elle pas avec
succès dans les maladies si obscures du système nerveux ? N'est-on pas par-
venu à lui faire compter le temps sur les cadrans des horloges ? Et qui sait
ce que la science découvrira encore sur l'emploi du galvanisme ? Quelques
expériences commencées avec succès font espérer qu'il pourra être employé
à éclairer nos villes, pendant la nuit, comme un second soleil, et le gaz,
cette autre découverte de la science, deviendra inutile dans nos rues et
nos promenades.

Quels effets ne produit pas la vapeur d'eau qui nous sert de force motrice
à tous les degrés, depuis la plus infime jusqu'à la plus puissante des machines,
sur terre comme sur mer, dans les ateliers de l'industrie comme dans l'économie domestique ? N'a-t-on pas fait de la lumière le dessinateur le plus
habile et le plus expéditif, pour nous fournir les portraits les plus fidèles,
l'image la plus rigoureuse des paysages et des monuments ? N'est-ce pas aux
découvertes de la science que l'humanité doit une infinité d'avantages dont
elle jouit dans toutes les conditions de la vie. Eh ! que ne réservent pas
encore, à ceux qui viendront après nous, les recherches des savants, soit
pour la satisfaction de la vie morale, soit pour le bien-être de la vie physique dans toutes ses phases variées ! Le passé ne nous autorise-t-il pas à avoir
cet espoir et cette confiance dans l'avenir ?

(2) « L'histoire de l'esprit humain », dit Isidore Geoffroy Saint-Hilaire, qui
avait en si haute estime les ouvrages du prince, et qui, malheureusement
pour le pays et pour la science, ne tarda pas à le suivre dans la tombe,
« nous montre, en général, les sciences et les arts se perfectionnant de
» siècle en siècle, et chaque génération humaine s'empressant d'ajouter
» par ses propres efforts aux résultats obtenus par les générations anté-

Nous devons presque toutes les espèces animales que nous élevons à l'antiquité la plus reculée. C'est elle qui nous les a léguées, malgré les difficultés que l'absence ou l'état naissant de la science pouvait présenter pour la conquérir sur la nature vivante. Aujourd'hui, les progrès immenses de la zoologie et des relations internationales, par terre et par mer, auraient pu nous faire étendre notre domaine sur le règne animal, et en perfectionner les produits dans de grandes proportions. Cependant, malgré les puissants moyens d'action que nous procure cette science pour améliorer et multiplier notre production animale en général, nous sommes encore loin du succès qu'elle nous promet, quand nous voudrons recourir à son emploi judicieux dans la pratique de l'élevage des animaux domestiques.

Deux raisons peuvent expliquer la cause des regrets exprimés par les naturalistes sur la négligence généralement apportée dans une étude suffisante de la nature, animée surtout. Les hommes revêtus du pouvoir dans les gouvernements, absorbés par les préoccupations et la responsabilité qu'il comporte, ne possédant généralement pas d'ailleurs les sciences naturelles, ne sauraient avoir une conviction arrêtée sur l'importance de leur enseignement pour la prospérité, la force et la richesse des États; et les naturalistes, quels que soient

» rieures. Le plus souvent même, le mouvement du progrès, non-seule-
» ment se continue jusqu'à l'époque actuelle, mais va s'accélérant à mesure
» qu'on s'en rapproche. Par une anomalie singulière, et dont on ne trou-
» verait peut-être pas à citer un second exemple, les efforts, les travaux
» faits en vue de l'acclimatation, et surtout de la domestication des animaux,
» nous offrent dans leur ensemble une marche exactement inverse.

» De ces temps primitifs, dont la Fable nous a seule conservé quelque
» vague souvenir, jusqu'à l'antiquité historique, et de celle-ci aux temps
» modernes, on les voit décroître, fort irrégulièrement sans doute, mais
» d'une manière toujours plus marquée, jusqu'à ce qu'enfin le mouvement,
» de plus en plus ralenti, s'arrête presque complétement.

» ..... Depuis l'époque où de l'Amérique, récemment découverte, furent
» importées en Europe trois espèces fort inégalement utiles : le Dindon, le
» Canard musqué et le Cabiai, quelle conquête véritablement importante
» avons-nous faite sur la nature sauvage ? Aucune ! »

leur bonne volonté et leur dévouement, n'ont pas assez de puissance pour faire dominer leurs idées philanthropiques, et pour faire adopter l'enseignement qu'ils désirent voir répandre dans l'instruction publique aux degrés même les plus inférieurs. C'est ce qui a fait dire à Cuvier, en parlant de la protection qu'Alexandre le Grand accorda à son précepteur Aristote pour lui faciliter ses recherches en histoire naturelle (1) : « Que cette science est de celles où le génie » serait impuissant, s'il n'était secondé par le pouvoir ; mais » que les efforts du pouvoir seraient vains à leur tour, si le » génie ne savait en coordonner les résultats. » Sans la science, en effet, et sans le concours de ceux qui la possèdent, le pouvoir, quel qu'il soit, ne saurait traiter les questions que les savants seuls peuvent résoudre. Nous en avons chaque jour la preuve sous les yeux.

Si les gouvernements des pays civilisés ont compris, avec raison, la nécessité d'instruire la jeunesse sur l'histoire des événements humains pour en connaître la marche et les résultats ; si cette histoire est d'ailleurs reconnue indispensable aux hommes d'État chargés de gouverner les peuples, et de faire les lois qui doivent régir les sociétés suivant leur degré de civilisation et leurs besoins, peut-on supposer que l'enseignement de l'histoire qui nous apprend à connaître les phénomènes et la marche de la création, œuvre de Dieu, doit être plus négligée que celle qui nous dévoile les œuvres des hommes ? Celle-ci est-elle plus utile à leur bonheur que celle-là ? Et l'histoire de la nature ne doit-elle pas faire partie de l'enseignement donné aux populations, qui, toujours en présence de la nature elle-même, sont chargées d'exploiter les richesses trop ignorées qu'elle offre sans cesse à nos besoins ? C'est ce qu'a si bien compris et fait com-

---

(1) On sait que Philippe, roi de Macédoine, donna pour précepteur à son fils Alexandre le naturaliste Aristote, qui fut en même temps un des plus grands philosophes de l'antiquité. Les princes ne devraient-ils pas imiter le roi de Macédoine dans le choix qu'il fit du maître pour instruire Alexandre le Grand sur l'une des sciences les plus utiles à connaître dans toutes les conditions de la vie et dans tous les rangs de la société ?

prendre Son Exc. M. le Ministre de l'instruction publique, dans son programme de l'enseignement secondaire spécial, suivant la loi du 21 juin 1865.

Dans l'instruction publique au premier degré, nous enseignons d'abord le catéchisme à nos enfants, pour les instruire sur la religion. C'est un devoir. Une nation doit l'instruction religieuse aux populations qui la composent. Mais quel catéchisme peut mieux nous éclairer sur ce que nous devons au Créateur, que le livre de la nature, placé tout ouvert sous nos yeux par le Créateur lui-même, afin que nous puissions apprendre à y lire? Ne sommes-nous pas coupables devant lui de négliger cet enseignement sublime pour nos enfants? Et que sont les productions des hommes en comparaison! Ce livre seul peut bien nous faire comprendre ce que nous sommes et ce que nous pouvons être, en présence de son auteur. Que peut-on expliquer de plus frappant et de plus élevé à la fois, que ces merveilles de l'univers partout étalées à nos yeux qui ne peuvent les apercevoir, parce qu'on ne nous les a pas dévoilées. Si l'on attirait sur elles l'attention des enfants, ils trouveraient dans cet enseignement, bien mieux que dans quelque livre que ce soit, la ligne tracée de leur devoir envers Dieu. Rien ne peut en donner une plus juste et une plus grande idée en même temps, que l'appréciation de ses œuvres. Rien n'est plus capable de provoquer notre admiration, et d'élever notre âme reconnaissante vers le souverain dispensateur de tant de biens, de tant de vraies richesses, dont nous sommes loin de savoir apprécier toute la valeur.

Objectera-t-on que dans nos campagnes, on ne peut pas apprendre aux enfants à lire dans le livre de la création? Certes, les instituteurs primaires ne sauraient enseigner, dans nos villages, l'histoire de la nature comme on le fait au Muséum d'histoire naturelle de Paris, au Collége de France, à la Sorbonne, ou dans les facultés des sciences de province; mais ces instituteurs ne peuvent-ils pas, en les apprenant eux-mêmes d'abord, enseigner à leurs élèves les premiers éléments de la minéralogie, de la géologie, de la botanique et de la zoologie? Rien ne sera plus praticable. On sait d'ailleurs que la bonne volonté de l'administration centrale de l'instruction publique ne manquera pas plus que celle du corps aussi utile que dévoué des instituteurs primaires. Toutefois il ne s'agit pas ici de faire des savants, mais de bons praticiens, qui, à l'aide de connaissances élémentaires indispensables à leur profession, pourront raisonner, comprendre leurs opérations agricoles, suivant les saines lois de la nature. Parmi les enfants qui écouteront leurs maîtres, de jeunes intelligences prendront goût à l'étude de ce qui leur sera développé sur l'admirable science des naturalistes, surtout en ce qui touchera à l'exploitation du sol. Les jeunes agriculteurs ainsi éclairés sur des principes que leurs parents ont généralement trop ignorés, deviendront des hommes de pratique agricole instruits, et ils ne tarderont pas à prouver, par leur travail raisonné, les avantages de leur instruction reçue à l'école primaire, sur la nature des terrains qu'ils cultiveront, et sur la manière de les amender, de les fertiliser; sur les végétaux qu'ils récolteront, et sur les animaux qu'ils élèveront. Éclairés sur leur profession de cultivateurs, comme le sont sur les autres carrières ceux qui les exercent, ils n'abandonneront pas, comme ils le font, l'agriculture, parce que, judicieusement pratiquée, elle leur assurera une existence honorable à laquelle a droit tout homme qui consacre sa vie à un travail persévérant, honnête, et indispensable à la société humaine dans toutes les conditions de son existence.

De tous les naturalistes dont la France a le droit de s'honorer, le prince Charles Bonaparte, par sa haute position auprès du pouvoir, par sa philanthropie, comme par son ardent patriotisme, était celui qui aurait pu le mieux contribuer à faire vulgariser l'enseignement de la science de la nature dans notre pays, qu'il a tant aimé, et qui fut le foyer de tant de gloire et de tant de revers de sa famille. Convaincu, comme Cuvier, « que dans les sciences, les révolu-» tions les plus nécessaires n'arrivent pas sans quelques cir-» constances que souvent il faut longtemps attendre », le prince trouvait le moment venu d'appliquer son idée juste et

féconde qui l'avait toujours dominé, et qui était qu'un pays
ne devrait jamais ignorer les ressources que la nature lui
offre localement, soit sous le rapport contemplatif, soit sous
celui des applications de la science à l'exploitation de ses ressources. Comme Buffon, il pensait « qu'une étude, même
» légère, de l'histoire naturelle, devait élever les idées de la
» jeunesse, et lui donner des connaissances d'une infinité de
» choses que le commun des hommes ignore et qui se retrou-
» vent souvent dans l'usage de la vie » (1). C'est cette idée qui
lui fit étudier l'histoire naturelle, spéciale à l'Amérique du Nord,
au début de sa carrière scientifique. C'est à elle que le monde
savant doit la *Faune de l'Italie*; et l'illustre auteur de cet important ouvrage avait arrêté un plan pour doter la France d'un
monument scientifique analogue, qui nous aurait fait connaître nos richesses animales. Le prince, convaincu des avantages offerts par les études locales pour les progrès de la
zoologie, voulait s'assurer la collaboration de tous les naturalistes français, qu'il accueillait toujours chez lui avec une
si aimable cordialité (2). N'ignorant pas que toutes les
sciences ont pour but la recherche et la découverte de la
vérité, tous les savants lui étaient sympathiques : il en était
l'ami, et ils n'ont pas oublié les délicieuses soirées auxquelles
ils étaient si heureux de se rendre, rue de Lille (3). Le prince
attachait un grand prix à leurs travaux individuels, à leurs

(1) Buffon, *De la manière de traiter et d'étudier l'histoire naturelle.*

(2) Pendant la proscription, le prince accueillait dans son palais, à Rome,
les savants, sans distinction de pays ou d'opinion. C'est lui qui prit l'initia-
tive de la fondation des congrès scientifiques italiens, et, en 1846, il reçut le
célèbre Cobden, auquel il fit offrir un banquet par la jeunesse romaine.

(3) Le prince aimait non-seulement les naturalistes, mais il protégeait tous
ceux qui voulaient s'occuper de leur science. Deux ans après son arrivée en
Amérique, il rencontra un jeune homme qui avait du goût pour l'histoire
naturelle, et qui est devenu, depuis cette époque, un naturaliste éminent. Il
l'encouragea, lui donna ses conseils, et le produisit dans le monde savant. Je
laisse d'ailleurs parler ce naturaliste lui-même : « ..... Jamais un seul
» instant », dit Audubon, qui est le savant dont je parle, « je n'aurais conçu
» l'espoir d'être, en quoi que ce soit, utile à mes semblables, jusqu'au jour
» où, par hasard, je fis la connaissance du prince de Musignano (Charles

monographies. « C'est une vérité prouvée par les faits et
» sentie par le besoin », dit-il dans la préface de la *Faune
de l'Italie*, « que les monographies, les faunes particulières,
» sont des livres qui servent le plus directement aux progrès
» de la zoologie (1). »

» Bonaparte) à Philadelphie, où m'avait conduit l'intention de m'avancer
» plus à l'est, le long de la côte.

» J'atteignis Philadelphie le 5 avril 1824, juste au moment où le soleil
» disparaissait sur l'horizon. Excepté le bon docteur Mease, qui m'avait
» visité dans ma jeunesse, j'avais à peine un ami dans toute la ville, car
» alors je ne connaissais ni Harlan, ni Witherell, ni Macmartrie, ni le Sueur,
» ni Sully. J'allai chez lui et lui montrai quelques-uns de mes dessins. Il me
» présenta au célèbre Charles-Lucien Bonaparte, qui, à son tour, m'introduisit
» dans la Société d'histoire naturelle de Philadelphie.... » (*Scènes de la
nature dans les États-Unis et le nord de l'Amérique*, par Audubon, tra-
duction par Eugène Bazin, 1857, introduction et dédicace, page 14.)

(1) Les études locales dont le prince signalait la haute importance sont
d'autant plus nécessaires pour le perfectionnement des animaux domestiques,
qu'on ignore trop que leur nature actuelle, bonne ou mauvaise, est la conséquence des ressources fourragères, des conditions climatiques , géolo-
giques et hygiéniques des lieux où ils sont élevés. C'est ce qui explique, en
général, la formation des races et celle de leurs variétés. La plupart de ceux
qui ignorent l'histoire de la nature, et qui sont sans observations de faits
pratiques sérieusement étudiés, s'imaginent, en voyant un bel animal, que
son type doit réussir partout. Ne remontant pas aux causes qui l'ont produit,
ignorant par conséquent celles de son origine, ils en conseillent l'importation
ou le croisement, sans en prévoir les résultats. Que de déceptions cette im-
prévoyance a causées à nos éleveurs ! N'est-ce pas là une des causes principales de la dégradation et même de la destruction de plusieurs de nos types?
Que sont devenues nos anciennes races de chevaux, si renommées autrefois,
du Limousin, de l'Auvergne, de la Navarre, du Morvan, etc., etc.? n'est-ce
pas à des croisements mal adaptés que l'on doit attribuer leur disparition ?
On ne voit aujourd'hui, dans ces pays, que des métis sans caractères d'aucune
race. Aussi les éleveurs sont-ils dégoûtés de faire des chevaux légers. Les
seules de nos diverses espèces qui ont été réellement améliorées, sont celles
qui ont été perfectionnées, sans mélange, par un bon régime et des accouple-
ments bien dirigés. Les croisements, qui peuvent quelquefois donner de bons
résultats, j'en conviens, demandent des connaissances que la France est
loin d'avoir acquises, et c'est ce qui explique les tristes effets qui en ont généralement été la conséquence. Les succès qui ont été obtenus par le métis-
sage sont partiels. Ils n'ont été observés que chez quelques rares éleveurs
éclairés sur l'art de perfectionner les races. Il faut généraliser leur instruction, si nous voulons généraliser les résultats que nous désirons obtenir.

La Faune française que le prince voulait publier, devait avoir vingt-quatre volumes, texte et gravures compris. Tout le règne animal de la France, notamment nos diverses races d'animaux domestiques, si utiles à l'agriculture, et qui sont la base de sa richesse, devaient être étudiées de la manière la plus minutieuse dans leur ensemble comme dans leurs détails. Il avait vu que la zoologie n'avait prêté que par une exception son concours à l'agriculture dans l'élevage des animaux ; que de toutes les productions de la nature, la production animale était la plus ignorée en France, et il voulait remédier à ce regrettable état de choses. Pour cette œuvre patriotique, il comptait, non-seulement sur tous les savants de son pays, mais sur les sympathies de l'opinion publique. Il disait : « Quiconque se consacre à une œuvre inspirée » par le culte de la nature et celui de la patrie, doit pouvoir » compter sur l'appui du public (1). »

Afin de bien coordonner les matériaux qu'il avait et ceux qu'il allait se procurer dans toute la France, le prince s'était adjoint un homme de talent et de dévouement, Victor Meunier. Voici ce qu'il disait dans le prospectus qu'il publia, en collaboration du savant que je viens de nommer : « L'in- » vitation que nous adressons à ceux qui, en France, regar- » dent la nature d'un œil affectueux et intelligent, a d'autant » plus d'importance, que notre patrie, sous ce rapport au- » dessous de beaucoup d'autres nations étrangères, malgré » le grand nombre d'établissements scientifiques aux besoins » desquels elle pourvoit, ne possède nulle part de collection » spécialement consacrée aux espèces qui constituent sa » richesse zoologique, où le savant, l'étranger, le Français, » puissent embrasser d'un regard synthétique l'ensemble et » les détails de notre faune... Le Muséum a des galeries » pour chacun des départements du règne animal ; il n'en » a pas une où des mains filiales se soient plu à réunir les » productions de notre sol. L'homme studieux y puise des

(1) Prospectus de la *Faune française, ou Histoire naturelle générale et particulière des animaux qui vivent en France,* par Charles Bonaparte et Victor Meunier, 1857, page 3.

» informations sur tout, excepté sur ce qui nous intéresse le
» plus directement (1). »

Le grand Linné, ce Buffon du Nord, avait dit que « l'agri-
» culture n'était que la connaissance des trois règnes de la
» nature spécialement appliquée à la grande tâche de rendre
» la vie humaine plus commode et plus douce à passer ».
Cette idée était aussi celle du prince Charles Bonaparte, qui
avait pour les œuvres de Linné une véritable vénération (2).

(1) Nous avons en France des richesses animales trop ignorées, des races
précieuses d'animaux généralement inconnues. Le prince voulait les étudier,
les placer à côté des animaux étrangers, les comparer avec eux, et prouver
ainsi que son pays, bien éclairé sur la production animale, n'avait rien à
craindre de la concurrence étrangère, parce qu'il a tous les éléments physi-
ques nécessaires pour soutenir la lutte avec avantage. N'en avons-nous pas
la preuve dans la production du Mérinos depuis Daubenton ? Depuis que ce
savant a instruit le pays sur ce précieux animal, nulle nation au monde n'a
une plus belle espèce mérine que la France, et il peut en être de même de
nos autres espèces. Malheureusement, à l'exception de l'exemple frappant
donné par le grand naturaliste agriculteur qui enseignait avec tant d'éclat au
Muséum d'histoire naturelle de Paris l'art de perfectionner les animaux
nous avons toujours opéré en dehors de la science qu'il employa pour doter
la France du Mérinos. C'est ce qui explique son succès sur l'amélioration de
cet animal, nos déceptions et nos insuccès, malgré nos efforts et nos dépenses, pour perfectionner, comme l'exigent nos besoins, notre production
animale en général. A de rares exceptions près, dont quelques riches propriétaires nous ont rendus témoins dans des concours, la France est loin d'être
parvenue à l'amélioration dont elle a besoin, pour s'élever à la hauteur de
l'Angleterre, par exemple, pour ses animaux domestiques, et obtenir de sa
production animale tout ce qu'elle pourra lui donner, lorsque la zoologie
pratique, telle que la comprenait, pour la répandre, le prince Charles Bonaparte, aura éclairé le pays sur les moyens sérieux de perfectionner nos
espèces domestiques.

(2) On comprendra facilement la coïncidence des idées du prince Charles
Bonaparte avec les opinions de Linné et celles de Belon, de Buffon et de
Daubenton. Buffon s'était occupé d'agriculture avant d'écrire ses immortels
ouvrages sur l'histoire naturelle ; il avait donc pu comprendre, dans la pratique, l'influence de cette science sur l'exploitation du sol. Daubenton, de
son côté, avait dirigé la culture de la ferme dans laquelle il fit ses études
d'économie rurale sollicitées par Trudaine, et qui dotèrent la France du
Mérinos, en même temps qu'elles donnèrent, chez nous, une grande impulsion à la culture de la prairie artificielle. Comme ces grands naturalistes, le

Son âme ardente adoptait toujours avec enthousiasme toute pensée qui se rattachait à la gloire et à la prospérité de son pays, comme aux progrès des sciences qui peuvent y contribuer. Voici la preuve de ce que j'avance ici.

Lorsque, d'après la loi d'octobre 1848, sur l'enseignement de l'agriculture dans toute la France, le gouvernement voulut fonder l'Institut agronomique de Versailles, qui était la clef de voûte de cet enseignement, le prince songea à la haute direction à donner à ce grand établissement national où toutes les sciences relatives à l'exploitation du sol devaient être professées et appliquées. Il communiqua ses vues, à cet égard, à Jean Reynaud et à Isidore Geoffroy Saint-Hilaire, ces deux éminents esprits, et je l'ai bien souvent entendu développer son opinion sur ce sujet. En s'occupant de ce foyer naissant de l'enseignement de la science de la nature appliquée à la culture du sol de sa patrie, il voyait un service important à lui rendre. Plût à Dieu que son vœu se fût réalisé ! L'école supérieure et normale d'agriculture de la France existerait sans doute encore, et nous savons, plus que jamais aujourd'hui, si notre agriculture a besoin de l'instruction professionnelle, devenue une nécessité pressante de notre époque (1).

Plus tard, le prince devait être appelé à diriger un établissement d'une bien autre importance scientifique, et qui

prince s'était occupé d'agriculture à sa terre de la principauté de Canino, dans laquelle il avait passé une partie de son enfance. Il fit notamment, dans cette terre, des expériences sur la culture de la garance, qu'il voulait introduire dans le pays, et il appela, de France à Canino, un cultivateur français expérimenté dans ce mode d'exploitation.

Sympathique à toutes les idées de progrès, il voulut encore démontrer, en 1843, les avantages de l'éclairage au gaz à Rome, et il l'employa même dans son palais, ce qui lui valut des tracasseries de la part de quelques personnes pour lesquelles toute innovation, même heureuse, est un délit.

(1) Rapporteur, à la Constituante, de la loi d'octobre 1848, sur l'organisation de l'enseignement de l'agriculture en France, le prince avait bien voulu m'entretenir, à plusieurs reprises, de l'importance de l'instruction agricole pour nos populations rurales, et de la manière dont elle pouvait être donnée. Il y voyait l'avénement d'une ère nouvelle pour l'agriculture française et

est unique dans l'univers entier : je veux parler du Muséum d'histoire naturelle de Paris.

Création des Gui de la Brosse, des Fagon, des Tournefort, des Duverney, des Winslow, des Rouelle, des Dufay, des Buffon, des Daubenton, des Vicq d'Azyr, des Portal, des Jussieu, des Dolomieu, des Haüy, des Bernardin de Saint-Pierre, des Thouin, des Fourcroy, des Vauquelin, des Chaptal, des Gay-Lussac, des Lamarck, des Desfontaines, des Lacépède, des Mirbel, des Brongniart, des Cordier, des Étienne et Isidore Geoffroy Saint-Hilaire, des Cuvier, des Duméril, des de Blainville, et de tant d'illustrations scientifiques qui ont honoré notre pays, et qui, par leurs travaux et leurs découvertes, ont tant contribué à sa gloire, à sa force et à sa prospérité, le prince Charles Bonaparte était digne de succéder à ces savants illustres. Il aurait dirigé avec éclat le brillant foyer de la science de la nature qu'ils ont élevé à un si haut degré de splendeur. Le 29 juillet 1857, la mort le frappa encore à la force de l'âge, interrompit les importants travaux auxquels il se livrait avec plus d'ardeur que jamais, et l'arrêta dans son patriotique élan.

Son plan était fait. Après avoir étudié de la manière la plus détaillée et la plus minutieuse, le règne animal de la France, il voulait, en même temps qu'il aurait publié la Faune française, créer au Muséum d'histoire naturelle une galerie spéciale pour y classer les animaux indigènes, et fonder une chaire pour y traiter cette question, qui aurait fait comprendre l'importance de cette création. Il désirait montrer ainsi nos richesses nationales aux visiteurs. Il voulait enfin, comme il le disait avec la conviction que lui donnait la certitude de faire une chose utile à son pays, « édifier un monu-

---

pour le bien de nos populations rurales. Il voulait s'occuper de cette importante question. Connaissant ses vues à ce sujet, je considère comme un malheur pour notre pays que la mort ne lui ait pas donné le temps d'appliquer les idées qu'il avait, pour atteindre le but qu'il se proposait, et dont nous pouvons comprendre, aujourd'hui mieux que jamais, l'opportunité et l'importance. Le mode d'enseignement qu'il désirait faire adopter pour l'agriculture eût été un bienfait pour la France.

» ment qui, n'étant pas indigne de notre chère France,
» contribuerait à la faire aimer davantage en la faisant mieux
» connaître » (1).

Tel était son langage. Il voulait faire plus encore. Il désirait joindre à l'enseignement supérieur du Muséum d'histoire naturelle un enseignement spécial *pour ceux qui n'avaient pas le temps d'apprendre*, suivant son expression pittoresque. Or, voici quel était son projet.

On sait avec quel empressement et quel plaisir un grand nombre de curieux de toutes les classes de la société se rendent à la Ménagerie, et dans les galeries du Muséum d'histoire naturelle, les jours où elles sont ouvertes au public, surtout les dimanches et fêtes. Toute cette foule ne peut suivre les cours faits journellement dans les amphithéâtres de l'établissement, et le prince désirait rendre ces visites populaires aussi fructueuses que possible. Son but était de vulgariser la science de la nature, et d'en répandre le goût par tous les moyens en son pouvoir. Il croyait y contribuer au moyen de démonstrations particulières faites par les conservateurs des collections. Voici ce qu'il disait à ce sujet : « Le conservateur doit
» faire les honneurs de sa collection au public. Il faut que les
» jours d'entrées populaires, il soit à son poste, c'est-à-dire au
» milieu des richesses confiées à sa garde. Il devra répondre
» aux questions de ses hôtes, il les provoquera même. Il diri-
» gera leur attention sur les objets qui en sont les plus dignes.
» Qu'il sache exciter et satisfaire leur curiosité! Qu'il explique,
» qu'il commente ! Son rôle est de saisir toute occasion d'in-
» culquer à son auditoire des idées nouvelles, des idées vraies,
» des idées justes, et *de le débarrasser de quelque préjugé*.
» J'en fais un cicerone du peuple, un démonstrateur public.
» *Je le nomme instituteur de ceux qui n'ont pas le temps*
» *d'apprendre*, et la familiarité même de ces entretiens
» pleins d'imprévu leur donnera d'autant plus d'action sur
» les natures impressionnables auxquelles ils s'adresseront. »

(1) *Faune française, ou Histoire naturelle générale et particulière des animaux qui vivent en France*, prospectus déjà cité, page 8.

« *Conception heureuse*, ajoute Victor Meunier, *pensée émi-*
» *nemment française et noblement populaire, et dont le*
» *peuple eût tenu compte à son auteur* (1). »

La zoologie, que Daubenton avait si fructueusement appliquée à l'étude d'une de nos races d'animaux domestiques,
est restée trop circonscrite dans le domaine de la théorie,
depuis la mort de ce grand naturaliste agriculteur (31 dé-
cembre 1799). C'est ce qui explique l'état arriéré de notre
production animale comparée aux autres productions agricoles ou industrielles, rendues prospères par l'intervention
des sciences spéciales. Une incertitude malheureuse règne
encore chez nous sur les moyens de perfectionner nos espèces.
Nous en avons la preuve dans les tâtonnements hasardés,
dans les discussions incessantes et contradictoires qui ont lieu
chaque jour à ce sujet, surtout en ce qui concerne nos races
de chevaux propres aux remontes de l'armée. Les efforts faits
jusqu'à ce jour pour les produire et les améliorer ont été
infructueux chez nous. Et ne nous abusons pas; ils le seront
toujours, quoi qu'on fasse, tant que la science de la zoologie
n'interviendra pas pour résoudre cette importante question
de force nationale. Dépenses, combinaisons administratives
qu'on a si souvent transformées, encouragements ordinaires,
tout cela sera inutile. Deux siècles d'expériences faites en
dehors de la science, et qui n'ont jamais été interrompues,
en sont la preuve irrécusable; il n'y a pas à le contester. Qui
pourrait nier cette preuve sérieusement, d'après les faits
observés dans ces derniers temps, et notamment en 1840 et
en 1859 (2). L'étude générale du règne animal de la France,

(1) *La Zoologie française et le Muséum d'histoire naturelle de Paris*,
prospectus, par V. Meunier, page 6.

(2) M. le Directeur général des haras a si bien compris la nécessité de
l'intervention de la zoologie pour le perfectionnement du Cheval de guerre,
que, rappelant l'opinion de Napoléon Ier sur les haras, il a invité, par une
circulaire du 1er août 1864, MM. les préfets à organiser dans chaque chef-
lieu de département un cours sur l'étude du Cheval, analogue à celui que fit
autrefois le célèbre Daubenton pour doter la France du Mérinos, qu'elle
n'avait jamais pu élever avant l'instruction donnée par ce savant naturaliste
agriculteur. MM. les préfets de l'empire suivront-ils le conseil qui leur a été

telle que l'avait comprise le prince Charles Bonaparte, aurait éclairé le pays, non-seulement sur les procédés raisonnés de perfectionnement et de multiplication des races que nous possédons, mais encore sur les moyens d'acquérir des espèces que nous n'avons pas, et dont s'occupe la Société impériale d'acclimatation pour en doter la France.

Depuis la dernière moitié du siècle passé, les naturalistes français ont fait faire à la zoologie spéculative de grands progrès. L'impulsion qu'ils ont donnée à cette science les a fait classer, à juste titre, au premier rang des savants du monde entier. Il s'agissait maintenant de mettre à profit leurs importants travaux et leurs découvertes, et de les appliquer avec discernement au perfectionnement général de notre production animale. C'était le but du prince, et nul mieux que lui ne pouvait l'atteindre. Il eût fait et enseigné à faire, pour toutes les espèces d'animaux que nous élevons, ce que fit et ce qu'apprit à faire Daubenton pour le Mouton, et son exemple, suivi par la nouvelle génération des naturalistes français, aurait produit les plus heureux résultats pour le bien du pays. Qui pourrait, aujourd'hui, entreprendre, avec les mêmes conditions de succès, une pareille tâche, et aurait, pour la remplir, la puissance dont pouvait disposer le prince Charles Bonaparte, et que l'Empereur lui aurait donnée ?

On se plaint plus que jamais des souffrances de l'agriculture, et de l'émigration des populations rurales dans les villes.

donné par M. le Directeur général des haras ? C'est là surtout qu'est la question du perfectionnement et de la multiplication du Cheval de guerre, et l'Empereur ne l'avait pas oublié dans son décret de juillet 1806, sur la réorganisation des haras. Il voulait des écoles pour instruire les éleveurs sur l'importante question du perfectionnement de nos races de chevaux, parce qu'il savait que, sans la science du Cheval, la question qui s'en occupe, depuis Louis XIV surtout, n'avait jamais pu être résolue, et que sans elle on ne la résoudrait jamais dans l'avenir. C'est ce qui est arrivé, malgré les modifications administratives et les énormes dépenses qu'elle a causées à l'État depuis 1806 notamment. Si nous imitions le passé sur la manière de traiter la grave question des haras, la France ne serait pas plus heureuse pour la résoudre que ne l'ont été nos pères. Les mêmes causes produiraient les mêmes effets. C'est une triste loi qu'il faudra subir, si nous n'en sommes pas préservés par l'intervention de la zoologie pratique.

Pour en connaître la cause et y porter remède, l'Empereur, qui a dit que *de l'amélioration ou du déclin de l'agriculture dataient la prospérité ou la décadence des empires*, a ordonné, par décret du 28 mars 1866, de faire une enquête. Elle prouvera, j'en ai la conviction, que l'insuffisance relative de l'instruction professionnelle des cultivateurs, instruction dont les éléments des sciences naturelles doivent former la base, est une des principales causes, si ce n'est la plus sérieuse, du mal reconnu par tout le monde, et signalé par le chef de l'État. Une grande partie de la population des campagnes s'est aperçue que l'instruction spéciale, associée à un travail soutenu, lui procurera, ailleurs qu'aux champs, un bien-être que ne lui offre pas une agriculture non enseignée, par conséquent mal comprise, et elle l'abandonne pour se livrer à d'autres occupations. Permettez-moi, monsieur le Président, un mot d'explication sur ce point important d'économie sociale de notre pays.

Avant la fin du dernier siècle, les sciences, généralement moins avancées qu'elles ne le sont de nos jours, et surtout moins répandues et moins appliquées, n'avaient pas donné aux arts mécaniques, à toutes les industries et au commerce, l'impulsion que leur intervention variée a produite depuis la république et l'empire. Aujourd'hui, en effet, nous avons obtenu, dans toutes les carrières industrielles, des transformations telles, par l'action des sciences spéciales, que nous avons fait, en France, plus de progrès dans tous les arts et métiers, depuis le commencement de ce siècle, qu'on n'en avait observé depuis les temps les plus reculés. Quels procédés de perfectionnement et de célérité de confection n'ont pas indiqués, en effet, aux arts industriels, les mathématiques, la physique, la chimie, la mécanique, la technologie générale? A-t-on remarqué les mêmes résultats dans l'agriculture, la première, la plus ancienne, la plus vaste, la plus indispensable de toutes les industries, celle qui occupe le plus de têtes et le plus de bras? Non, certes! Or, voici ce qui s'est passé (1).

(1) Je ferai remarquer ici un fait qui frappe, et qui paraît avoir été observé à toutes les époques. De tout temps et partout, l'art d'exploiter la terre a

Avant 1789, la jeunesse des campagnes n'émigrait pas comme aujourd'hui. Peu éclairée, et, par conséquent, peu favorisée pour occuper des emplois, soit dans les fonctions civiles, soit dans l'armée, la marine militaire, le commerce ou l'industrie, elle cultivait comme elle pouvait les champs qu'elle ne quittait pas, parce qu'elle ne voyait rien de mieux à faire. Elle se résignait, parce qu'elle n'avait pas, comme à notre époque, devant elle, l'avenir que nos pères ont ouvert, par l'instruction et l'égalité, à toutes les intelli-

été honoré. Sous les Romains, la profession des armes avait la prééminence sur toutes les autres; mais celle du cultivateur prenait rang immédiatement après. Les autres états étaient classés après l'agriculture. Cicéron, en parlant des diverses carrières à son fils, lui disait que *de toutes les professions exercées pour acquérir des biens, il n'en existait pas de meilleure, de plus fructueuse, de plus douce, de plus digne de l'homme libre, que l'agriculture.* Cependant, malgré cette opinion du grand citoyen romain, opinion qui était d'ailleurs partagée par tous les Romains de son temps, malgré 'exemple des Cincinnatus, des Caton, des Varron, Columelle se plaignait de ce que les agriculteurs, si honorés et si estimés, étaient privés d'une instruction spéciale nécessaire pour mieux exercer leur profession. Il regrettait de voir à Rome des maîtres de tout, excepté des maîtres d'agriculture : « J'ai » vu, disait-il, établir des écoles de rhéteurs, de géomètres, de musiciens, » de danseurs, des maîtres pour enseigner l'art d'apprêter les mets de manière » à satisfaire les gourmands, des maîtres pour disposer des cheveux, parer » des têtes, je n'ai jamais vu de maître pour enseigner l'agriculture, ni de » disciple pour l'apprendre. » Pourquoi cette anomalie de priver d'instruction spéciale, à Rome, une profession qui y était tant honorée, alors que les autres états, bien moins estimés, en étaient pourvus ?

En France, l'agriculture est aussi très-honorée. Nous en avons la preuve dans l'intérêt que lui portent les grands pouvoirs de l'Etat, les administrations et l'Empereur, qui a fondé lui-même des établissements agricoles pour donner l'exemple; et cependant, dans notre chère France, bien qu'il ait toujours été reconnu indispensable, combien l'enseignement de l'agriculture, dont les progrès sont si nécessaires, est encore loin d'être au niveau de l'enseignement de l'industriel, du commerçant, du militaire, du marin, de l'avocat, du médecin, de toutes les professions enfin qui, chacune dans sa spécialité, ont si fructueusement concouru à la prospérité, à la gloire et à la puissance de notre pays. Toutefois ce n'est pas faute d'avoir compris et signalé la nécessité d'instruire les cultivateurs sur leur état. Olivier de Serres, Bernard Palissy, soutenaient que sans le savoir spécial, on ne pouvait faire que de la mauvaise agriculture. Belon disait au milieu du XVIe siècle, que, *faute de savoir, la culture était reprochable.* Duhamel du Monceau sou-

gences des villes comme des campagnes, qui peuvent parvenir par le travail intellectuel, la conduite et les services rendus, aux plus hautes dignités de l'État. Aujourd'hui, le fils du cultivateur a vu qu'en s'instruisant, il peut se procurer, par une autre profession que celle de laboureur, une existence meilleure, à ses yeux, que celle de ses pères. Il va chercher à la ville la lumière qui y est répandue, et il y reste, parce qu'il finit souvent par y prospérer. Sa persévérance, sa conduite et l'instruction qu'il acquiert, lui en fournissent les moyens. Son exemple est suivi. Les jeunes intelligences quittent l'agriculture, se liyrent à l'industrie ou à d'autres occupations lucratives. Elles attirent les bras des campagnes, parce que les bras suivent toujours les têtes, et parce que les industriels, instruits sur leur profession, obtiennent des bénéfices qui leur permettent de mieux rétribuer les ouvriers que les agriculteurs, dans les conditions de culture du sol telle qu'elle est pratiquée sans instruction spéciale suffisante. Voilà une des causes majeures de la dépopulation des campagnes au profit des villes et des centres industriels (1).

tient la même thèse dans son *Traité élémentaire d'agriculture*. En 1763, Laverdy, contrôleur général des finances, subventionna une école d'agriculture, fondée par Moreau au domaine de la Rochette, près de Melun. Bertin subventionna aussi, en 1771, l'école d'agriculture d'Annel, près de Compiègne, et cette école fut dirigée par Surcy de Sutières. L'abbé Rozier fit en 1775 un plan d'enseignement agricole qui devait avoir lieu à Chambord, et plus tard François de Neufchâteau fit de vains efforts pour faire appliquer l'idée de Rozier. Sous la restauration, en 1822, Roville fut fondé par Mathieu de Dombasle. En 1828, Bella fonda Grignon, et Rieffel Grandjouan, en 1832. Sous le règne de Louis-Philippe, quelques fermes-écoles furent créées, et la loi d'octobre 1848 organisa l'enseignement de l'agriculture dans toute la France. Il importe maintenant de donner le plus d'extension possible à cette loi, et d'étudier les meilleurs moyens de l'appliquer. En présence des faits que nous observons aujourd'hui sur la dépopulation des campagnes au profit des villes, l'instruction professionnelle des cultivateurs est devenue une nécessité pressante, parce qu'elle est le meilleur moyen de retenir aux champs les populations rurales qui les quittent.

(1) Ce qui aggrave les résultats de l'émigration dans nos campagnes, c'est que la jeunesse la plus intelligente, la plus robuste, la plus valide, est celle qui est la plus disposée à les abandonner ; et ce fait, que j'ai observé, est

Du reste, les pères de famille, propriétaires ruraux, qui ont assez d'aisance pour faire instruire leurs enfants dans les colléges, sont peu disposés à en faire des agriculteurs. N'ayant généralement pas bien compris les ressources de l'industrie agricole raisonnée, à défaut de savoir spécial qu'ils n'ont pu acquérir faute de moyens d'instruction qui leur ont manqué, ils sont les premiers à engager leurs fils à embrasser une autre carrière que celle qu'ils ont suivie, parce qu'elle a été peu avantageuse pour eux. Si nous voyons dans les villes tant d'avocats sans causes, tant de médecins inoccupés, tant d'hommes de lettres dans le besoin, tant de bacheliers à la recherche des places, tant de désœuvrés, d'ailleurs instruits, mais sans trouver les moyens de s'occuper à quoi que ce soit, parce que l'instruction professionnelle leur manque, le fait que je signale ici n'y est pas étranger. Eh ! que de places n'aurait pas au service de toutes les intelligences déclassées, dans les villes comme dans les campagnes, l'immense atelier bien ordonné de l'agriculture! Ici, jamais de chômage, jamais l'occupation n'y manque d'aliment. Il y en a toujours autant pour les têtes que pour les bras qu'elles dirigent, quel que soit leur nombre (1).

aussi malheureux au point de vue physique de notre population rurale, qu'il l'est au point de vue moral. Les campagnes perdent ainsi l'élite de leur jeune population qui en ferait la richesse et la force, si, instruite sur l'agriculture, elle s'y fixait, ce qui ne manquerait pas. Lé jeune villageois ne quitte qu'à regret le champ qui l'a vu naître, et dans lequel il a passé son enfance.

(1) Qu'il me soit permis de rappeler ici, à l'appui de ce que j'avance, un fait qui me fut communiqué par M. Bedel, recteur de l'académie de Clermont-Ferrand, et que j'avais eu l'honneur de connaître antérieurement à Strasbourg, sa ville natale. Je me trouvais avec lui aux eaux thermales du Mont-Dore, lorsqu'un jour, en causant sur l'instruction publique en France et sur quelques modifications qu'il nous paraissait utile d'y apporter, il me raconta l'anecdote suivante : « Au moment où j'entrais, me dit-il, à » l'hôtel où je suis, j'ai vu sur la porte un jeune homme, le bonnet de coton » blanc sur la tête, et le tablier de cuisine retroussé sur le côté. Il m'a salué » très-respectueusement et comme disposé à s'avancer vers moi. Je lui ai » demandé s'il me connaissait ? — Pardieu ! si je vous connais, monsieur le » recteur! m'a-t-il répondu, il y a deux ans, vous m'avez reçu bachelier à » Clermont-Ferrand ; depuis cette époque j'ai vainement cherché une place

Que faudrait-il faire maintenant pour remédier à cet état de choses? Il faudrait faire pour l'agriculture ce qui a été si judicieusement pratiqué pour les arts libéraux et l'industrie, l'armée, la marine, pour toutes les autres carrières enfin. Il faut établir l'équilibre du savoir spécial qui doit exister entre l'industrie agricole et l'industrie manufacturière, ces deux sources fécondes de la richesse et de la prospérité des États. Dans toutes les villes industrielles, on fait des cours publics à la portée des ouvriers industriels, qui forment des associations pour s'entr'aider et s'instruire mutuellement sur leurs professions et leurs conditions économiques. Il faut étudier les moyens d'éclairer, sur l'agriculture, les populations rurales. L'instruction professionnelle, si habilement et si libéralement donnée à l'ouvrier des villes, est méritée, au même titre, par l'ouvrier des champs, et il ne faut pas la lui refuser, si nous voulons qu'il reste ouvrier cultivateur, et qu'il n'aille pas encombrer les cités et être un embarras pour elles.

Le prince Charles-Bonaparte désirait faire répandre le plus possible dans le pays l'enseignement pratique des sciences naturelles, parce qu'il connaissait l'influence que cet enseignement pouvait exercer sur les progrès de l'agriculture, et sur le bien-être moral et physique des populations rurales. Il voulait imiter, à ce point de vue, les naturalistes de l'antiquité, qui, comme l'a dit Buffon, « tournaient toutes les sciences du » côté de l'utilité, et donnaient moins que nous à la vaine » curiosité. Tout ce qui n'était pas intéressant pour la société, » pour la santé, pour les arts, était négligé. Ils rapportaient » tout à l'homme moral, et ils ne croyaient pas que les choses » qui n'avaient point d'usage fussent dignes de l'occuper. » Plus d'une fois, dans des conversations intimes qu'il savait rendre si instructives et si attrayantes, j'ai entendu le prince

---

» pour gagner ma vie. Ne la trouvant pas, et ne pouvant vivre sans travail-
» ler, je me suis enfin décidé à me faire apprenti cuisinier. La cuisine me
» donnera du moins le pain que Virgile, Horace et Homère n'ont pu me
» procurer. » Que de bacheliers se trouvent aujourd'hui dans les conditions de celui de Clermont avant d'être apprenti cuisinier !

développer l'idée de l'application des sciences naturelles à
l'agriculture, idée qui a été celle des grands naturalistes de
toutes les époques, et qu'il aurait soutenue dans la *Faune
française*. Mais malheureusement je pourrais dire ici, à
propos de ce grand ouvrage, ce que M. Elie de Beaumont a
avancé en parlant du *Conspectus generum Avium*, en voie de
publication par le prince : « Personne, probablement », dit le
secrétaire perpétuel de l'Académie des sciences de Paris,
« n'aura la témérité de chercher à ressaisir ce plan, et encore
» moins de tenter de le remplacer. Le prince seul, de l'avis
» de ses plus savants collaborateurs, pouvait exécuter un
» pareil travail. Il connaissait, pour avoir étudié des exem-
» plaires souvent multiples, non-seulement toutes les espèces
» d'Oiseaux, mais toutes les espèces de Vertébrés conservés
» dans les collections des deux hémisphères. Dans sa prodi-
» gieuse mémoire, se trouvaient classés, toutes les biblio-
» thèques, tous les musées d'histoire naturelle d'Europe et
» d'Amérique, dans plusieurs desquels il avait travaillé des
» mois entiers. Il avait tout visité, tout retenu ; il savait à
» point nommé où se trouvait chaque livre rare, chaque
» pièce unique. Les relations affectueuses qu'il entretenait
» avec les détenteurs de ces précieux dépôts lui permettaient
» de leur adresser des questions précises sur chaque point
» qu'il voulait éclaircir, de solliciter même l'envoi des objets
» qu'il avait besoin de revoir, et qui ne lui étaient jamais
» refusés.

» Personne ne serait en état de reprendre cette correspon-
» dance, et cela seul suffirait pour faire sentir que l'histoire
» naturelle a perdu en lui une de ses colonnes. »

Si, d'après les hommes les plus éminents et les plus auto-
risés, la mort du prince Charles Bonaparte a causé une grande
perte pour l'histoire naturelle en général, elle n'est pas moins
grande aux yeux de ceux qui ont connu et compris l'application qu'il voulait faire de cette science au bien-être des populations. Directeur du Muséum d'histoire naturelle de Paris, il
aurait fait des expériences pour élucider, au point de vue de
la pratique, tant de questions de zoologie encore en litige.

Successeur de Buffon et de Daubenton, il n'aurait pas manqué
de faire, au Jardin des plantes ou ailleurs, des expériences
qui auraient largement contribué à éclairer le pays sur la
multiplication et le perfectionnement général de la production
animale notamment, si importante pour la force et la richesse
nationale. Il aurait fait enfin cesser l'état de choses dont se
plaignait Buffon comme Daubenton au siècle passé, et dans
ces derniers temps Isidore Geoffroy Saint-Hilaire, quand il a
dit dans son remarquable ouvrage *sur l'acclimatation et la
domestication des animaux utiles :* « L'étude des animaux do-
» mestiques a été trop longtemps négligée par les naturalistes,
» et, aujourd'hui encore, la plupart d'entre eux semblent
» considérer la détermination exacte d'un animal domestique
» comme d'un bien moindre intérêt que celle de la plus insi-
» gnifiante des espèces zoologiques.....
   » J'ai déjà essayé, à plusieurs reprises, de montrer combien
» est regrettable cet abandon, par les naturalistes, d'une des
» plus riches parties de leur domaine. L'étude des animaux
» domestiques intéresse en réalité la science à tous les points
» de vue ; elle l'éclaire dans sa partie théorique et même phi-
» losophique, aussi bien que dans ses applications pratiques,
» et l'on s'étonnerait qu'on ait pu si longtemps en oublier ou
» en méconnaître l'intérêt, si l'on ne savait, par de nombreux
» exemples, combien la vérité a de peine à se dégager de
» l'influence de l'esprit de système et du joug des opinions
» régnantes. »
Au siècle passé, Buffon (1), Daubenton et Pallas, avaient
parfaitement compris, comme l'a fait Isidore Geoffroy Saint-
Hilaire, l'importance de l'étude des animaux, au double point
de vue de la science spéculative, et de son application à l'agriculture pour améliorer les races. Mais depuis la publication
de leurs travaux, cette étude si importante pour la richesse

---

(1) Buffon a dit, en parlant des animaux domestiques : « Autrefois ils
» faisaient toute la richesse des hommes, et aujourd'hui ils sont encore la
» base de l'opulence des Etats, qui ne peuvent se soutenir et fleurir que par
» la culture des terres *et par l'abondance du bétail.* »

des États et pour la science elle-même, n'a pas été continuée
par les naturalistes comme elle mérite de l'être. Cette vérité
n'avait point échappé à l'esprit d'observation du prince
Charles Bonaparte. Il voulait le prouver par les travaux qu'il
méditait. Voici ce que dit à cette occasion Victor Meunier :
« Les regrets que faisait naître en Charles Bonaparte l'absence
». d'une galerie zoologique française, regrets qu'il exprima
» avec tant de vivacité, sont la première mention qui ait été
» faite de cette fondation. Il n'a pas tenu à lui qu'elle ne fût
» réalisée. Président du Muséum, il eût eu à cœur de signaler
» les débuts de son administration par l'érection de ce monu-
» ment. C'est en vue de suppléer à son absence qu'il donna
» jusqu'à sa dernière heure et son dernier souffle à cette
» œuvre nationale, la *Faune française, devenue son unique*
» *pensée.* Jamais cœur plus français n'a inspiré une tête mieux
» organisée que la sienne (1). »

L'utile fondation projetée par le prince a donc été arrêtée.
Et qui pourra exécuter son plan? A qui les naturalistes français pourront-ils désormais envoyer leurs travaux individuels
pour les coordonner, et compléter l'œuvre qu'il voulait
accomplir ?

Je finis, monsieur le Président, en vous citant les dernières
lignes de la notice de l'illustre secrétaire perpétuel de l'Académie des sciences de Paris, qui a si bien fait sentir la perte
que la France et la science ont faite par la mort du prince
Charles Bonaparte : « Tel a été, dit-il, ce prince trop peu connu
» en dehors du cercle des naturalistes, et trop tôt enlevé à de
» vives et sincères affections, que la science a placé au rang
» de ses adeptes les plus fervents et les plus éminents; qui,
» après avoir parcouru avec éclat une carrière scientifique
» de plus de trente-cinq années, après avoir publié plus de
» quatre-vingts ouvrages ou notices, dont quelques-uns ont
» eu plusieurs éditions en différentes langues, a été surpris
» par la mort au moment où il poursuivait avec plus d'ardeur

(1) *La Zoologie française et le Muséum d'histoire naturelle de Paris,*
prospectus, par V. Meunier, page 12.

» que jamais des travaux d'une immense étendue , pour
» lesquels il réunissait sans cesse de nouveaux maté-
» riaux (1). »

Cette opinion formulée par un homme aussi haut placé
que l'est M. Élie de Beaumont dans la considération publique
et dans l'estime du monde savant de tous les pays, sera partagée par tous ceux qui ont bien connu et compris le prince
Charles Lucien Bonaparte et son noble caractère, dans sa
vie privée comme dans la vie publique, à laquelle il a pu
être passagèrement appelé dans le cours de son existence.
L'homme de cœur ne se dément jamais, quelle que soit la
situation qui lui est faite. On le trouve toujours fidèle aux
convictions de sa conscience d'honnête homme, fidèle surtout
à ses devoirs de citoyen, quand des circonstances imprévues
les lui imposent. L'histoire impartiale rendra tôt ou tard
justice *à ce prince trop peu connu en dehors du cercle des
naturalistes.* Elle rendra justice à l'homme supérieur, au
philanthrope courageux qui, aux honneurs, aux dignités, aux
grandeurs que lui réservaient ses hautes capacités, ses anté-
cédents, son illustre origine et les événements politiques de
son pays, après en avoir été exilé pendant de si longues
années, a préféré, par abnégation et désintéressement, con-
sacrer sa vie, avec une infatigable persévérance, au rôle
modeste du savant, à la recherche opiniâtre de la vérité et
de tout ce qui peut concourir au bonheur de ses semblables.
Ne serait-ce pas là, monsieur le Président, le côté vrai, le côté
essentiel de la mission de l'homme sur la terre, et ceux qui
la remplissent, comme l'a fait le prince Charles Lucien Bonaparte, ne trouvent-ils pas dans cette mission la consolation

(1) Le Muséum d'histoire naturelle de Paris possède et conserve religieu-
sement la bibliothèque, les ouvrages, les manuscrits et la correspondance
scientifique du prince Charles Bonaparte. Plusieurs ouvrages de divers au-
teurs ont été annotés par lui-même. C'est là un précieux dépôt dans lequel
les naturalistes iront puiser ; et peut-être un jour quelque ami des sciences
se fera-t-il un pieux devoir de recueillir, pour en doter l'histoire naturelle,
les notes manuscrites que la mort n'a pas permis au prince de publier lui-
même.

la plus douce, la récompense la plus digne des services qu'ils ont pu rendre à l'humanité et à leur pays.

Agréez, monsieur le Président, l'expression sincère de mon respectueux dévouement.

RICHARD (du Cantal),
Vice-président de la Société impériale d'acclimatation,
Cultivateur à la ferme de Souliard (Cantal).

25 août 1866.

LISTE DES PRINCIPAUX TRAVAUX ZOOLOGIQUES

PUBLIÉS

Par le Prince Charles L. BONAPARTE.

DRESSÉE PAR M. ÉLIE DE BEAUMONT.

Travaux généraux relatifs à l'ensemble des Vertébrés ou à plusieurs classes de cet embranchement.

1. Essai d'une distribution méthodique des Animaux vertébrés (Rome, 1831).
2. Essai d'une distribution méthodique des Animaux vertébrés à sang froid (Rome, 1832).
3. *Systema Vertebratorum* (Transactions de la Société Linnéenne de Londres, t. XVIII, 1837, p. 247).
4. *Fauna italica* (Rome, 1832, 3 vol. in-fol., avec 180 planches).

Mammifères.

5. *Synopsis* des Mammifères de l'Amérique du Nord (Philadelphie, 1828).
6. Sur le genre *Mustella* (Annals and Magazine of natural History, 1838).
7. Catalogue des Mammifères de l'Europe (Actes du congrès de Milan, p. 327).
8. Observations sur les Musaraignes d'Italie (Actes du congrès de Turin, 1841, p. 207).
9. Observations sur les *Arvicola* d'Europe (Actes du congrès de Milan, p. 357).
10. *Conspectus systematis mastozoologiæ* (Leyde, 1850).
11. Note relative à une troisième espèce d'Éléphant originaire de Sumatra (Proceed. Zool. Soc. of London, 1849, p. 144).

Oiseaux.

12. Mémoire sur quatre espèces de Pétrels-tempête (Journal de l'Académie des sciences naturelles de Philadelphie, 1822).
13. Observations sur la nomenclature de l'Ornithologie de Wilson (Ibid.).
14. Sur une nouvelle espèce de Canard (*Anas rufitorques*) (Ibid.).
15. Description d'une nouvelle espèce de *Fringilla* de l'Amérique méridionale (*Fringilla xanthorrhœa*) (Ibid.).
16. Mémoires sur dix espèces d'Oiseaux de l'Amérique méridionale, et notes additionnelles à ce même travail (Ibid.).

17. Mémoire sur deux espèces nouvelles d'Oiseaux du Mexique (*Garrulus ultra-marinus* et *Cassicus melanicterus*) (Ibid.).
18. Addition à l'Ornithologie des États-Unis (Ibid.).
19. *Genera* des Oiseaux de l'Amérique du Nord, et *Synopsis* des espèces des États-Unis (Annales du lycée de New-York, 1826).
20. Nouvelle addition à l'Ornithologie des États-Unis, et observations sur la nomenclature de quelques espèces (Ibid.).
21. Ornithologie américaine, ou Histoire naturelle des Oiseaux des États-Unis non donnés par Wilson (Philadelphie, 4 vol. in-fol., avec planches coloriées, 1825, 1828, 1833).
22. Catalogue systématique des Oiseaux des États-Unis (Philadelphie, 1828).
23. Supplément aux Oiseaux de l'Amérique du Nord (Zoological Journal, t. III).
24. Supplément au Mémoire sur quatre espèces de Thalassidromes (Ibid.).
25. Sur une nouvelle espèce de Tétras (*Tetrao urophasianus*) (Ibid.).
26. Sur les espèces du genre *Tetras* (Transactions de la Soc. phil. américaine de Philadelphie).
27. Sur une nouvelle espèce d'Oiseau de l'île de Cuba (*Ramphocelus passerinus*) (Anthologie de Florence, octobre 1831).
28. Monographie des espèces du genre *Strix*, L., voisines du *Strix passerina*, ou confondues avec cette espèce.
29. Monographie des espèces du genre *Aigrette* des ornithologistes modernes.
30. Monographie des espèces des genres *Numenius* et *Scolopax*.
31. Tableau comparatif des Ornithologies de Rome et de Philadelphie (Nouveau journal des savants, Pise, 1827).
32. Supplément au tableau précédent (Ibid.).
33. Catalogue géographique et comparatif des Oiseaux d'Europe et d'Amérique du Nord (Londres, 1838).
34. Nouvelles espèces d'Oiseaux mexicains (Proceed. Zool. Soc. of London, 1838).
35. Nouvelles espèces d'Oiseaux péruviens (Ibid.).
36. Sur le Quezalt des Mexicains (*Trogon paradisœus*) (Magasin de zoologie, 1838).
37. Sur un nouvel Oiseau mexicain (*Agrilorhinus psittaceus*) (Nouvelles Annales des sciences naturelles de Bologne, 1838).
38. Oiseaux de Santa-Fé de Bogota (Actes du congrès de Milan, p. 403).
39. Sur le *Falco Eleonorœ*, Gené (Actes du congrès de Turin, p. 212).
40. Sur le *Querquedula angustirostris*, Ménétr. (Actes du congrès de Florence, p. 317).
41. Sur deux Oiseaux nouveaux pour la faune d'Europe (*Fulica cristata* et *Podiceps longirostris*) (Actes du congrès de Florence, p. 314).
42. Catalogue méthodique des Oiseaux d'Europe (Nouvelles Annales des sciences naturelles de Bologne, 1842).
43. Rectifications relatives à l'ornithologie européenne (Actes du congrès de Lucques, p. 425).
44. Sur une nouvelle espèce de Passereau d'Europe (*Ruspiza dolichonia*) (Actes du congrès de Milan, p. 715).
45. *Conspectus systematis Ornithologiæ* (Leyde, 1850).
46. Sur le genre *Electus* (Proceed. Zool. Soc. of London, novembre 1849).
47. Sur le genre *Lorius* (Proceed. Zool. Soc. of London, 1850).
48. Sur la famille des Garruliens, et sur les genres *Oriolus*, *Coccyzus*, etc. (Proceed. Zool. Soc. of London, 1850).
49. Nouvelles espèces zoologiques. — *Première partie* : Perroquets (Comptes rendus des séances de l'Académie des sciences, séance du 11 février 1850).
50. Nouvelles espèces ornithologiques. — *Seconde partie* : Accipitres (Ibid., séance du 11 mars 1850).
51. Notes sur les Trochilides (Ibid., séance du 1er avril 1850).

52. Sur plusieurs genres nouveaux de Passereaux (Ibid., séance du 16 septembre 1850).
53. Sur deux nouvelles espèces de Parides (Ibid., séance du 30 septembre 1850).
54. Note sur plusieurs familles naturelles d'Oiseaux, et descriptions d'espèces nouvelles (Ibid., séance du 21 octobre 1850).
55. Revue de l'ornithologie européenne, etc. (Bruxelles, 1850).
56. Revue générale de la classe des Oiseaux. — *Première partie* : Perroquets et Oiseaux de proie (Magasin zoologique, septembre 1850).
57. Monographie des Loxiens (en commun avec M. Herm. Schlegel) (Leyde et Dusseldorf, 1850, un vol. in-4, orné de 51 planches coloriées).
58. *Conspectus generum Avium* (Leyde, 1850).

Reptiles et amphibies.

59. Monographie des *Chéloniens* d'Europe et de l'Amérique septentrionale (imprimé à la suite de la Revue critique de la deuxième édition du *Règne animal* de Cuvier).
60. *Chelonearum tabula analytica* (Rome, 1836).
61. *Saurorum tabula analytica* (Nouvelles Annales des sciences naturelles de Bologne).
62. Amphibia europæa, ad systema nostrum ordinata (lu au congrès de Pise en 1839).
63. Sur les *Bufo viridis* et *Calamita* (Actes du congrès de Padoue, 1843, p. 208).
64. Sur les habitudes des différents Boas observés vivants en France, en Belgique et en Angleterre (Actes du congrès de Pise, 1840, p. 176).
65. Sur un Reptile de Corfou (Actes du congrès de Naples, 1854, p. 714).
66. Sur une nouvelle espèce de Lézard qui se trouve en France (Nouvelles Annales des sciences naturelles de Bologne, 1839).
67. *Systema Amphibiorum* (Actes du congrès de Milan, p. 379).
68. *Conspectus systematis Erpetologiæ et Amphibiologiæ* (Leyde, 1850).

Poissons.

69. *Selachorum tabula analytica* (Neufchâtel, 1838).
70. *Monographia Leuciscorum europæorum* (Congrès de Pise, 1840, p. 150).
71. Observations sur les *Leuciscus* de Lombardie, décrits par le docteur de Philippi (Actes du congrès de Milan, p. 180).
72. Catalogue systématique des Cyprinides européens (Actes du congrès de Milan, p. 381).
73. Observations sur les Échénéides (Actes du congrès de Milan, p. 372).
74. Observations sur les Orthragorisques et les doubles emplois auxquels ont donné lieu les espèces de ce genre (Actes du congrès de Pise, p. 165).
75. Sur un *Blennius* qui vit dans les eaux du Caldana en Toscane (Actes du congrès de Pise, p. 175).
76. Observations sur la Torpille (Actes du congrès de Pise, p. 18.)
77. Comparaison entre les familles des Percides et des Scombrides (Actes du congrès de Florence, p. 359).
78. Sur les *Lagocephalus Pennanti*, Sw. (Actes du congrès de Florence, p. 359).
79. Sur une espèce de Trachyptère présenté par le docteur Verany (Actes du congrès de Florence, p. 461).
80. Sur le *Dasibotes fullonica* (Actes du congrès de Florence, p. 363)
81. Sur l'encéphale des Lamproies, comparé à celui des Raies (Actes du congrès de Florence, p. 373).

82. Sur deux espèces de Poissons (*Cubiceps bipinnatus* et *Scaurus siculus*) (Actes du congrès de Naples, p. 715).
83. Système ichthyologique (Actes du congrès de Milan, p. 379).
84. Manuel d'ichthyologie italienne (Actes du congrès de Turin, 1840, p. 233).
85. Catalogue méthodique des Poissons d'Europe (1 vol. in-4°, publié par le congrès de Naples, 1845).
86. Sur une nouvelle espèce de *Squalus* (Nouvelles Annales des sciences naturelles de Bologne, 1839).
87. *Conspectus systematis Ichthyologiæ* (Leyde, 1850).

M. Élie de Beaumont dit, en terminant cette longue liste des travaux scientifiques du prince : « A cette liste déjà si
» étendue, il faudrait encore ajouter celle des notes, mémoires
» et tableaux de classification que le prince Charles Bonaparte
» a publiés de 1851 à 1857, dans les *Comptes rendus des*
» *séances de l'Académie des sciences* et dans d'autres recueils
» scientifiques.

» Il faudrait y joindre aussi les Essais botaniques par les-
» quels il a débuté dans la science ; ses travaux sur les ani-
» maux invertébrés, notamment le *Catalogue des Lépido-*
» *ptères italiens*, qu'il a rédigé avec Rolli, et un mémoire
» intitulé : *Esquisses sur les variations auxquelles sont*
» *sujettes les espèces du genre Melitea* (avec figures). »

Paris. — Imprimerie de E. MARTINET, rue Mignon, 2.

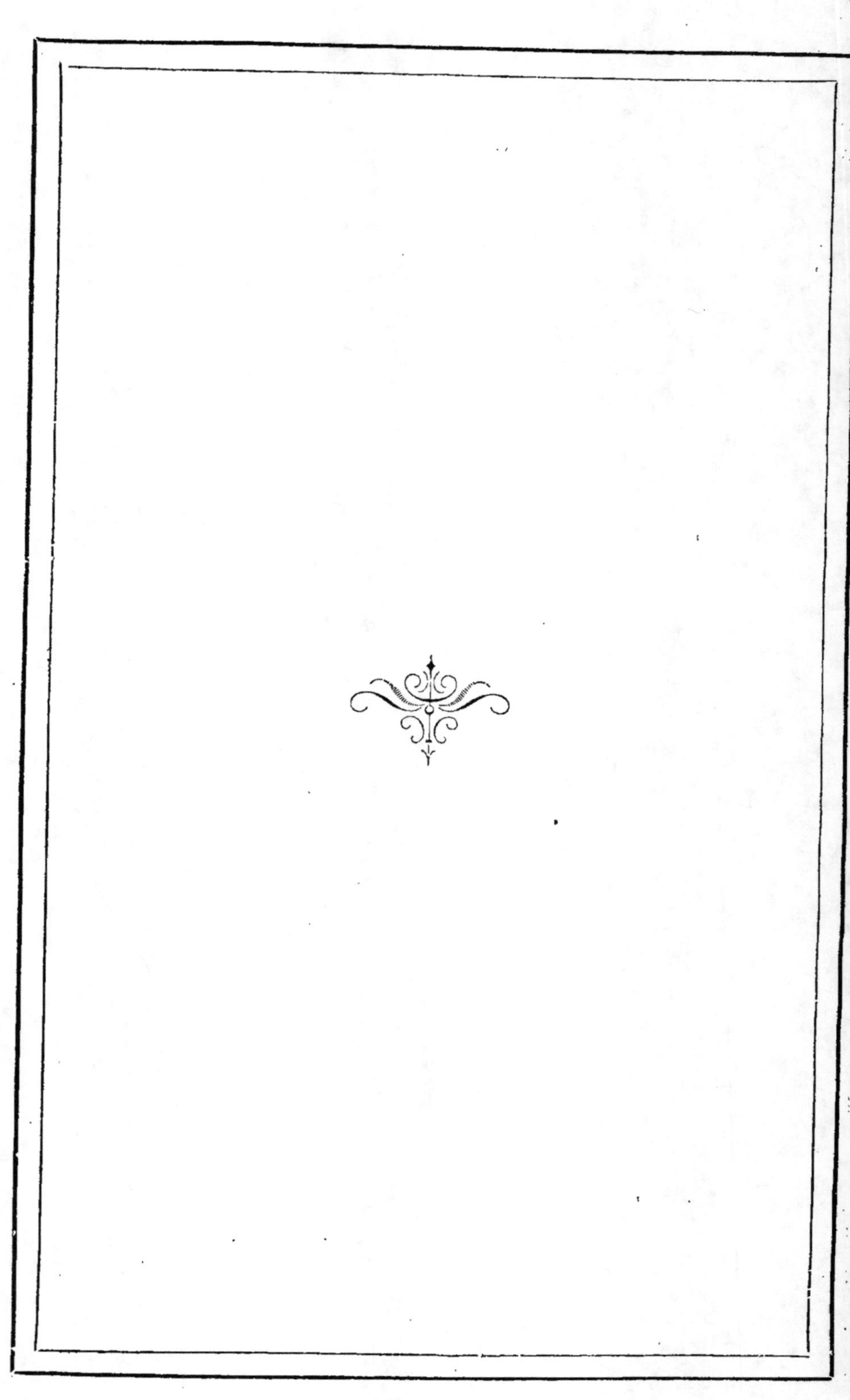